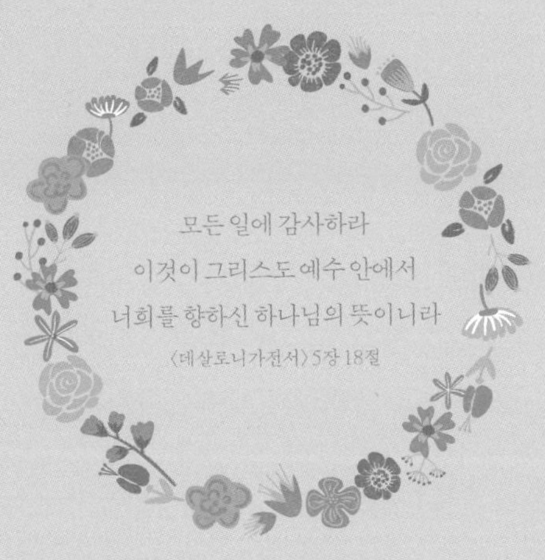

_______________ 님께

감사의 마음으로 이 책을 드립니다.

My
Thanks Book

기적을 불러일으키는 습관, 감사

기적을 불러일으키는 습관,
감사

절망 속에서 감사를 실천하며, 새로운 인생을 살고 있는 사람이 있다. 바로《지선아 사랑해》의 주인공 이지선 씨이다.

이지선 씨는 이화여대 유아교육과 4학년에 재학 중이던 2000년 7월 30일, 도서관에서 공부하고 오빠와 함께 차를 타고 집으로 가던 중 음주운전자가 낸 7중 교통사고로 전신 55%에 3도 화상을 입었다. 영화나 뉴스에서 볼 법한 일이 그녀에게 찾아왔고, 전혀 생각지도 못한 인생길로 접어들게 된 것이다. 병원 응급실에 도착했을 때 이미 그녀는 맥박이 잡히지 않는 상태여서 의사는 가족들에게 작별 인사를 하라는 말을 전했다. 병원에서는 살 가망이 없는 환자로 분류하여 간호 스테이션에서 가장 가까운 침대에 그녀를 두었다. 지선 씨는 의식이 있다 없다를 반복하며 중환자실에 온지 일주일 만에 기적적으로 산소 호흡기를 떼게 되고, 살기 위한, 살아남기 위한 싸움을 시작했다.

그녀는 눈, 코, 입을 제외한 온몸이 붕대로 감싸져 있었다. 붕대가 피부 역할을 한 셈이었는데 매일 아침 소독하는 시간은 그야말로 소가 도살장에 끌려가는 심정이었다고 한다. 차라리 의식을 잃어버렸으면 좋겠다 싶을 만큼 극심한 고통이 뒤따랐고, 그녀가 할 수 있는 건 단지 고통을 참는 것, 엄마가 주는 밥을 먹는 것뿐이었다.

엄마는 밥을 지선 씨 입에 밀어 넣을 때마다 기도했다. 그녀는 그 기도를 들으며 지옥 같은 고통 속에서도 엄마를 위해 살아야겠다는 마음을 가졌다.

24시간 가족과 함께할 수 있는 상태가 되어 병실을 옮기고 희망으로 부풀어 있을 때, 다시 절망이 찾아왔다. 당시 의약 분업이란 이유로 의사들의 파업이 시작되면서 수술을 받을 수 없게 된 것이다. 이식한 피부는 쉽게 당기고 줄어드는 현상이 있어 수술이 필요했지만 받을 수 없어 7개월 동안 눈을 뜨고 살아야 했다. 이후 4개월 동안 수술도 못 하고 진통제만 맞으며 마냥 기다려야 했다.

이때 부모님과 오빠는 이렇게 사는 건 사람 사는 것 같지 않다며 그녀에게 하루에 하나씩 감사할 거리를 찾자고 제안했다. 지선 씨는 모든 것이 불평하고 싶고, 원망하고 싶은 것들만 있어 보였는데 막상 감사할 것을 찾으니 있었다.

다시 내 발로 걸어서 화장실 간 날 감사
다시 내 손으로 숟가락 들고 밥을 먹을 수 있는 것 감사
환자복에 단추 구멍을 처음으로 다시 채운 것에 감사

감사를 찾으니 진통제가 줄 수 없었던 평안이 찾아왔고, 내일은 또 다른 감사 거리를 하나님께서 주실 거라는 기대감이 생겼다. 감사는 마치 악으로 가득 찬 것 같은 환경이지만 그 안에서도 일하시는 하나님이 어떤 분이신가 바라볼 수 있는 눈을 갖게 해주었다.

파업이 끝나고 40여 차례의 목숨을 건, 극심한 고통이 따르는 수술이 진행되었다. 손끝이 다 타버려서 손가락 한 마디씩을 절단하는 수술이 있던 날이다. 또다시 절망 속에 울고 있는 그녀에게 하나님의 음성이 들렸다.

"지선아 울지 마. 너 살아 있잖아. 이 모습으로 끝나는 거 아니잖아."

이 음성을 듣고 지선 씨는 다시 기도하였다.

"짧더라도 쓸 수 있는 손을 주세요. 부끄러운 손이 되지 않게 해주세요."

유일하게 온전히 남아 있는 엄지손가락을 '까딱' 움직일 수 있게 된 날 다시 감사를 고백했다. 그 엄지손가락으로 컴퓨터 자판을 치기 시작했고, 글을 쓸 수 있게 된 것에 감사했다.

2003년도에 《지선아 사랑해》 책을 출간하고 작가라는 말을 듣게 되고, 좀 더 의미 있는 일을 시작할 수 있었다. 책 출간 후 많은 편지를 받았는데, 죽으려고 약을 모으던 사람에게서 당신이 믿는 하나님을 내 희망으로 붙잡고 다시 한 번 살아보겠다는 편지, 자신도 교회에 나가보겠다는 편지를 받고 그녀는 또 감사했다.

이식된 피부가 계속 줄어들어 얼굴의 변형이 오고, 턱이 내려앉고 입은 다물어지지 않아 침을 계속 흘러 수건을 물고 있어야 했다. 이식한 피부가 적응하는 동안 가렵고 따가워 잠을 못 이루어 수면제를 먹어야 했다. 그보다 힘든 건 그녀의 마음이었다. 숟가락에 비친 자신의 모습, 어두운 밤 창문에 비치는 자신의 모습은 외계인 같았고, 현실을 보니 절망이 찾아왔다. 그때 지선 씨는 두 가지 생각이 났다고 한다. 하나는 옥상을 갈까, 아니면 하나님을 찾아갈까 하는 것이었다. 엄마와 함께 교회에 찾았고, 자신을 안아주며 기도하는 목사님을 통해 하나님은 두 가지 약속의 음성을 들려주셨다.
"사랑하는 딸아, 너를 반드시 세상 가운데에 세우겠다. 병들고 힘들고 약한 사람들에게 너를 희망의 메시지가 되게 하겠다."
그분은 하실 수 있을 것 같단 믿음이 생겼고, 집에 돌아가서 거울을 볼 수 있는 용기가 생겼다.

자신의 사진에 무섭고, 징그럽고, 혐오스럽다는 댓글을 보고 마음이 무너져 내린 적도 있었다. 하지만 그럴 때마다 그녀는 감사하며 다짐했다. 자신에게 별로 밝지 않는 눈, 그다지 솔직하지 않은 마음을 처음부터 주셔서 이런 얼굴

2009년 그녀는 홍보대사로 활동하고 있는 푸르메 재단 장애인마라톤대회에
출전하여 42.195km를 기도하면서 6시간 동안 계속 걸었다. 그때 자신을 응원
하는 이름 모를 누군가를 통해 다시 한 번 다짐했다. 힘들게 인생을 걷고 있는
사람들에게 응원의 메시지를 전하는 사람이 되자고.

지선 씨는 예전 모습으로 돌아가고 싶지 않냐는 질문을 많이 받는다. 그녀는
뜻밖에도 예전 모습으로 돌아가고 싶지 않다고 말한다.
"정말로 중요하고 영원한 것은 눈에 보이지 않는다는 걸 깨달았어요. 사고 이
후 정말 중요하고 영원한 게 무엇인지 알게 되었고, 이전에는 알지 못했던 행
복을 알게 되었죠."

감사할 수 없는 절망에서 감사 거리를 찾는 일, 그 작은 감사의 언어가 그녀의
환경도 변하게 하는 기적을 불러일으켰다. 사고 후 장애인에 대해 관심을 갖게
된 그녀는 미국으로 유학을 가서 재활상담, 사회복자학으로 석사학위를 받았
다. 석사과정을 마치고 2016년 6월 UCLA(캘리포니아주립대 LA캠퍼스)에서
박사학위를 받고, 현재는 한동대학교 교수로 임명되어 자신이 살아남은 이유
가 분명히 있음을 증명해보이고 있다.
우리는 감사할 수 있는 내용이 정말 많음에도 불구하고 가지고 있는 것보다 부
족한 것, 가지지 못한 것을 늘 바라보며 불평하지는 않는지 되돌아보게 한다.
이제 우리도 감사 거리를 찾으며 정말 중요하고 영원한 것이 무엇인지 깨닫게
되길 기대한다.

Date

2018 / 3 / 1

인생에서 중요한 것은 좋은 스승, 좋은 친구,
좋은 사람을 많이 가지는 일이다.
그리고 그 인간관계의 포인트는 정직과 감사이다.
_다케우치 히로시

My Thanks

1. 다시 새로운 마음으로 시작할 수 있는
   3월을 주신 것에 감사합니다.

2. 추위가 가고 기온이 올라감에 봄을 기다리는 설렘을
   느끼게 해주어 감사합니다.

3. 따뜻한 잠자리를 주신 것 감사합니다.

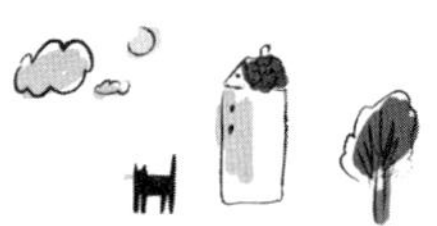

My Prayers

1. 저와 아이들에게 만남의 축복을 허락하시어 새로운 환경에도
   적응 잘하게 해주세요.

2. 특별 새벽 기도 완주할 수 있도록 새벽에 일찍 눈 뜨게
   도와주시고, 특새를 통해 새롭게 거듭나게 하소서.

Date

2018 / 3 / 2

인간은 자신에게서 벗어날 때에만
진실로 인간으로 살아가는 것이다.
알베르트 슈바이처

My Thanks

1. 나에게
   오늘도 열심히 최선을 다한
   나 자신에게 감사와 함께 격려를

2. 가족에게
   항상 든든한 내 편이 되어주는 우리 가족,
   건강하게 내 옆에 있어주는 것 감사

3. 친구에게
   오랜만에 전화로 안부를 물어주고,
   나의 이야기를 들어줘서 감사

My Prayers

1. 쉽게 지치지 않도록 강인한 마음과 육신의 건강을 주세요.
2. 감사의 마음이 넘쳐나길, 주변에도 밝은 기운을 줄 수 있는
   제가 되기를

Date

/   /

감사는 과거에게 주어지는 덕행이 아니라
미래를 살찌게 하는 덕행이다.
_영국 속담

My Thanks

My Prayers

감사는 과거에게 주어지는 덕행이 아니라
미래를 살찌게 하는 덕행이다.
_영국 속담

Date

/ /

My Thanks

My Prayers

Date

/   /

My Thanks

My Prayers

My Thanks

My Prayers

상대방을 소중히 여기고 그 가치를 인정한다면,
자신이 더 잘난 사람이라는 걸 보여주기 위해
상대를 깎아내릴 필요는 없을 것이다.
_버지니아 캐슬

My Thanks

My Prayers

어떤 일을 바랄 때 우리는 현재 가지고 있지 않은 일에만
주의를 기울인다. 하지만 그 일이 이미 일어났다고
생각하며, 우리는 그것을 현실로 가시화할 힘을 내게 된다.
'감사'가 가장 핵심적인 요소이며, 이만큼 중요한 것은 없다.
_제임스 뒤먼(세계평화전문가)

My Thanks

My Prayers

어떤 일을 바랄 때 우리는 현재 가지고 있지 않은 일에만
주의를 기울인다. 하지만 그 일이 이미 일어났다고
생각하며, 우리는 그것을 현실로 가시화할 힘을 내게 된다.
'감사'가 가장 핵심적인 요소이며, 이만큼 중요한 것은 없다.
_제임스 뒤먼(세계평화전문가)

Date

/   /

My Thanks

My Prayers

Date

/   /

길이 험난할지라도 항상 최선의 방법을 선택하라.
결국엔 그 방법에 익숙해져 쉬워질 뿐 아니라
수긍할 수 있게 될 것이다.
_피타고라스

My Thanks

My Prayers

Date

/   /

My Thanks

My Prayers

Date

/ /

My Thanks

My Prayers

인생에서 중요한 것은 좋은 스승, 좋은 친구,
좋은 사람을 많이 가지는 일이다.
그리고 그 인간관계의 포인트는 정직과 감사이다.
_다케우치 히토시

/   /

인간은 자신에게서 벗어날 때에만
진실로 인간으로 살아가는 것이다.
_알베르트 슈바이처

My Thanks

My Prayers

인간은 자신에게서 벗어날 때에만
진실로 인간으로 살아가는 것이다.
_알베르트 슈바이처

Date

/   /

모든 시련은 결국에는 축복이 되기 마련이다.

_리처드 바흐

My Thanks

My Prayers

사물 자체가 인간을 괴롭히는 것은 아니다.
인간이 사물을 바라보는 관점에 의해
스스로 괴로움을 받는 것이다.
_에픽테토스

My Thanks

My Prayers

지금 당장 재미있는 비디오를 빌려보거나
애완견을 쓰다듬어보자. 기쁨은 찾아낼 때에만
그 진가를 발휘한다.
_C.S루이스

My Thanks

My Prayers

지금 당장 재미있는 비디오를 빌려보거나
애완견을 쓰다듬어보자. 기쁨은 찾아낼 때에만
그 진가를 발휘한다.

Date

/   /

My Thanks

My Prayers

Date

/   /

My Thanks

My Prayers

/   /

My Thanks

My Prayers

네가 평생을 바친 것이 무너지는 것을 보고도
낡은 연장을 집어들고 다시 세우려는 의지가 있다면
비로소 너는 어른이 된 것이다.
_키플링

My Thanks

**My Prayers

Date

/   /

My Thanks

My Prayers

불만은 비교에서 비롯된다. 보다 더 좋은 상태가
안 보이면 각자는 자기 것을 좋아할 수 있으련만.
_존 프랭크 노리스

My Thanks

My Prayers

불만은 비교에서 비롯된다. 보다 더 좋은 상태가
안 보이면 각자는 자기 것을 좋아할 수 있으련만.
_존 프랭크 노리스

Date

/   /

My Thanks

My Prayers

인간에게는 정말로 효과적인 무기가 하나 있다.
그것은 바로 웃음이다.
_마크트웨인

Date

/   /

My Thanks

**My Prayers

My Thanks

My Prayers

Date

/   /

My Thanks

My Prayers

감사하는 마음, 그것은 타인을 향하는 감정이 아니라
자기 자신을 위하는 감정이다.
_이어령

My Thanks

My Prayers

감사하는 마음, 그것은 타인을 향하는 감정이 아니라
자기 자신을 위하는 감정이다.
_이어령

Date

/ /

My Thanks

My Prayers

감사를 모르는 자는 도토리나무 밑에서
도토리를 탐닉하면서도 도토리가 어디서 떨어지는지
모르는 돼지와 같다.
_콘래드

Date

/   /

My Thanks

My Prayers

Date

/   /

My Thanks

My Prayers

우리가 가진 것 때문에 감사하는 것이 아니요,
우리의 되어진 바로 인해 감사한다.
_헬렌 켈러

My Thanks

**My Prayers

Date

/   /

My Thanks

My Prayers

감사는 마음의 기억이다.
_J.B. 마시외

/   /

My Thanks

My Prayers

감사는 마음의 기억이다.
_J.B. 마시외

Date

/   /

행복은 바로 감사하는 마음이다.
_조셉 우드 크루치

My Thanks

My Prayers

행복은 바로 감사하는 마음이다.
_조셉 우드 크루치

Date

/   /

My Thanks

My Prayers

Date

/   /

My Thanks

My Prayers

Date

/ /

My Thanks

My Prayers

그대의 물결치는 대지에 풍요와 축복을 부어 주시는
수확의 하나님은 얼마나 고마운 분이신가.
_톰슨

My Thanks

**My Prayers

Date

/　　/

My Thanks

My Prayers

나는 나의 약점으로 인해 하나님께 오히려 감사합니다.
이를 통해 나를 알고 나의 주어진 이로가
또 내 하나님을 발견했기 때문입니다.
_헬렌 켈러

Date

/   /

My Thanks

My Prayers

정의는 종종 창백하고 우울할 때도 있다.
그러나 감사는 항상 활기찬 물결과 사랑스런 꽃 속에 있다.
_월터 랜더

My Thanks

My Prayers

그러나 감사는 항상 활기찬 물결과 사랑스런 꽃 속에 있다.
_월터 랜더

남에게 베푼 이익을 기억하지 말라.
남에게 받은 은혜를 잊지 말라.
_바이런

My Thanks

My Prayers

남에게 베푼 이익을 기억하지 말라.
남에게 받은 은혜를 잊지 말라.
_바이런

Date

/   /

땅은 감사할 줄 모르는 사람보다 더 나쁜 것을
생산하지 않는다.
_아우소니우스

My Thanks

My Prayers

땅은 감사할 줄 모르는 사람보다 더 나쁜 것을
생산하지 않는다.
_아우소니우스

감사는 위대한 교양의 결실이다.
야비한 사람에게서는 그것을 결코 발견할 수 없으리라.
_S. 존슨

My Thanks

My Prayers

감사는 하나님의 은총에 대한 기억일 뿐 아니라
마음의 경의를 표하는 것이다.
_N. P. 윌리스

My Thanks

My Prayers

감사는 하나님의 은총에 대한 기억일 뿐 아니라
마음의 경의를 표하는 것이다.
_N. P. 윌리스

오랫동안 당신 자신을 비난해 왔지만
아무 소용 없지 않았나? 이제 자신을 인정해보라.
그리고 어떤 일이 일어나는지 보라.
_루이즈 L. 헤이

My Thanks

My Prayers

오랫동안 당신 자신을 비난해 왔지만
아무 소용 없지 않았나? 이제 자신을 인정해보라.
그리고 어떤 일이 일어나는지 보라.
_루이즈 L. 헤이

My Thanks

Date

/ /

My Thanks

My Prayers

감사의 최선의 방법은 하나님이 주신 것들을
사용하는 것이다.
_A. 트롤로프

My Thanks

My Prayers

감사하는 영을 개발하라.
그러면 그대는 영원한 잔치를 즐길 것이다.
_맥더프

My Thanks

My Prayers

/   /

감사하는 자에게 하나님은 베푸시고
다른 속박을 풀어준다.
_R. 크릴리

My Thanks

My Prayers

감사할 줄 모르는 자식을 갖는다는 것은
뱀의 이에 물리는 것보다 더 따가운 일이다.
_셰익스피어

My Thanks

My Prayers

고마운 마음은 창조적인 반응과 삶의 힘을 증진시켜준다.
_스트라잇

Date

/   /

My Thanks

My Prayers

My Thanks

My Prayers

우리는 불평을 가짐으로 불평을 말하게 되는데
모든 것을 참고 감사하면 불평은 사라진다.
_헬렌 켈러

My Thanks

My Prayers

감사기도는 가장 강력한 위력이 있다.
_칼빈

My Thanks

My Prayers

감사기도는 가장 강력한 위력이 있다.
_칼빈

Date

/   /

My Thanks

My Prayers

Date

/   /

My Thanks

My Prayers

우리가 평생 감사합니다 라는 기도만 해도
그것으로 충분하다.
_에크하르트

My Thanks

My Prayers

감사는 예의의 가장 아름다운 형태이다.
_자크 마리탱

/   /

My Thanks

My Prayers

감사는 예의의 가장 아름다운 형태이다.
_자크 마리탱

Date

/   /

My Thanks

My Prayers

Date

/   /

My Thanks

My Prayers

Date

우리는 기도가 응답되기를 바라는 것처럼
열심히 감사해야 한다.
_시몬즈

/   /

My Thanks

My Prayers

우리는 기도가 응답되기를 바라는 것처럼
열심히 감사해야 한다.
_시몬즈

Date

/   /

My Thanks

**My Prayers

Date

/ /

My Thanks

My Prayers

감사는 곧 사랑이다. 감사할 줄 모르면
이 뜻도 알지 못한다.
_김현승 시인

긍정적인 생각을 가진 사람은 무슨 일이든지
무조건 받아들인다.
_가나모리 우라코

My Thanks

My Prayers

긍정적인 생각을 가진 사람은 무슨 일이든지
무조건 받아들인다.
_가나모리 우라코

Date

/   /

My Thanks

My Prayers

감사하는 마음에는 사탄이 슬픔의 씨앗을 뿌릴 수 없다.
_노르웨이 속담

My Thanks

**My Prayers

Date

/   /

이전에 받은 복에 대한 감사는 하나님의
또 다른 복을 받도록 한다.
_R.혜릭

My Thanks

My Prayers

이전에 받은 복에 대한 감사는 하나님의
또 다른 복을 받도록 한다.
_R.혜릭

심장의 고동처럼 규칙적으로 하나님께 감사하면
삶이 건강해진다.

_콘래드

My Thanks

My Prayers

Date

/   /

상대에게 베풀면 혀끝의 독도 감사로 변한다.
_그리시안

My Thanks

My Prayers

상대에게 베풀면 혀끝의 독도 감사로 변한다.
_그리시안

Date

/   /

하루에 일만 번씩만 감사하면 못 고칠 병이 없다.
_후지다

My Thanks

My Prayers

Date

/   /

감사하는 영혼보다 하나님을 영화롭게 하는 것은 없다.

_마셀 애버리

My Thanks

My Prayers

감사하는 영혼보다 하나님을 영화롭게 하는 것은 없다.

_마셀 애버리

감사하는 마음은 거만해지지 않도록 하며
조용하고 겸손한 인간을 만든다.
_보드 새퍼

My Thanks

My Prayers

감사는 최고의 항암제요 해독제요 방부제다.
_존 헨리

My Thanks

My Prayers

감사는 최고의 항암제요 해독제요 방부제다.
_존 헨리

그리스도인에게 감사의 의무보다 더 긴박한 의무는 없다.
_밀란

/   /

My Thanks

My Prayers

Date

/   /

My Thanks

My Prayers

다른 사람을 미워하는 것은 단지 그의 모습을 빌려서
자신 속에 있는 무엇인가를 미워하는 것이다.
자신 속에 없는 것에는 절대로 흥분하는 일이 없다.
_헤르만 헤세

My Thanks

My Prayers

누구에게나 공통된 유일한 의무는
자기 자신에게 진실해야 한다는 것이다.
_리처드 바크

My Thanks

My Prayers

누구에게나 공통된 유일한 의무는
자기 자신에게 진실해야 한다는 것이다.
_리처드 바크

Date

/   /

My Thanks

My Prayers

Date

/   /

My Thanks

My Prayers

다정한 말을 걸면 신뢰가 싹튼다.
상대방의 자리에서 생각하면 유대가 생겨난다.
_노자

My Thanks

My Prayers

다정한 말을 걸면 신뢰가 싹튼다.
상대방의 자리에서 생각하면 유대가 생겨난다.
_노자

Date

/   /

My Thanks

My Prayers

비관론자는 모든 기회 속에서 어려움을 찾아내고,
낙관론자는 모든 어려움 속에서 기회를 찾아낸다.
_윈스턴 처칠

My Thanks

My Prayers

Date

/ /

My Thanks

My Prayers

/ /

비관주의자들은 천체의 비밀을 발견해낸 적도 없고, 미지의 땅을 향해 항해한 적도 없으며, 영혼을 위한 새로운 천국을 열어준 적이 단 한 번도 없습니다.
_헬렌 켈러

My Thanks

My Prayers

My Thanks

My Prayers

인생의 진정한 비극은 우리가 충분한 강점을
갖고 있지 않다는 데 있지 않고, 오히려 갖고 있는 강점을
충분히 활용하지 못하는 데 있다.
_벤저민 프랭클린

사람들 간의 차이는 미미하다. 그러나 그 미미한 차이가
큰 차이를 만들어낸다. 미미한 차이는 태도이고,
큰 차이는 그 태도가 긍정적이냐 부정적이냐 하는 것이다.
_W. 클레멘트 스톤

My Thanks

My Prayers

Date

/   /

My Thanks

My Prayers

비관론자는 대체로 옳고 낙관론자는 대체로 그르다.
그러나 대부분의 위대한 변화는 낙관론자가 이룬다.
_토머스 프리드먼

사람들은 항상 그들이 처한 환경을 탓한다.
나는 환경을 믿지 않는다. 세상을 이끌어가는 사람들은
자신이 원하는 환경을 찾아다니고 찾을 수 없으면
그 환경을 만드는 사람들이다.
_조지 버나드쇼

My Thanks

My Prayers

은혜를 모르는 마음 다음으로 견디기 힘든 것이
감사할 줄 모르는 마음이다.
_헨리 워드 비처

My Thanks

My Prayers

은혜를 모르는 마음 다음으로 견디기 힘든 것이
감사할 줄 모르는 마음이다.
_헨리 워드 비처

My Thanks

My Prayers

사람들이 감사하지 않을 때 인간성을 상실하게 된다.
사람의 됨됨이는 그 사람의 감사 태도로 알 수 있다.
_엘리 비젤

My Thanks

My Prayers

감사할 줄 아는 마음씨는 돈으로 살 수 없는 것 중의
하나이다. 그것은 타고나야지 이 세상의 어떤 것으로도
창조할 수 없다.

_핼리팩스 경

My Thanks

My Prayers

My Thanks

My Prayers

비위에 맞을 때 하는 수천 번의 감사보다
이와 어긋날 때 드리는 한 번의 감사가 더 값지다.
_아빌라

My Thanks

My Prayers

Date

/   /

My Thanks

My Prayers

Date

/   /

My Thanks

My Prayers

My Thanks

**My Prayers

Date

/   /

My Thanks

**My Prayers

My Thanks

My Prayers

타인을 위해 좋은 일을 하면, 자기 자신도 치료된다.
왜냐하면 선행의 기쁨은 정신의 치료제이기 때문이다.
그것은 모든 장애를 뛰어넘는 힘을 가졌다.
_에드 설리번

My Thanks

My Prayers

집집마다 돌아다니며 지붕에 알로가 외치고 싶은
진리가 있다. 바로 지금 이 자리에 행복한 삶이
당신을 기다리고 있다는 것이다.
_스키너

My Thanks

My Prayers

Date

/   /

사람은 누구나 그 어떤 면에서 나보다 더 낫다.
그런 점에서 나는 그에게서 배운다.
_랄프 왈도 에머슨

My Thanks

My Prayers

My Thanks

My Prayers

기도를 계속하고 기도에 감사함으로 깨어 있으라

_골로새서 4장 2절

My Thanks Book

발행인 조상현
마케팅 조정빈
편집인 김주연
디자인 Design IF
펴낸곳 더디퍼런스

＊**마이북**은 더디퍼런스의 지식실용 브랜드입니다.

등록번호 제2018-000177호
주소 경기도 고양시 덕양구 큰골길 33-170(오금동)
문의 02-712-7927
팩스 02-6974-1237
이메일 thedibooks@naver.com
홈페이지 www.thedifference.co.kr

ISBN 979-11-6125-083-0(애니멀)(02230)
　　　979-11-6125-086-1(패턴)
　　　979-11-6125-089-2(핸즈)

독자 여러분의 소중한 원고를 기다리고 있으니 많은 투고 바랍니다.
이 책은 저작권법 및 특허법에 따라 보호받는 저작물이므로 무단전재와 무단복제를 금합니다.
파본이나 잘못 만들어진 책은 구입하신 서점에서 바꾸어 드립니다.
책값은 뒤표지에 있습니다.